L'homme au bras coupé

VERSION ORIGINALE
LIRE LE FRANÇAIS

L'homme au bras coupé

Michel Laporte

27, rue de la Glacière – 75013 Paris

Vente aux enseignants :
18, rue Monsieur-le-Prince – 75006 Paris

© CLE INTERNATIONAL, 1992. ISBN 2.19.031957.9

Ouverture, où l'on constate que la lueur d'une lampe dans la nuit trouble un moment le sommeil de notre héros.

Une grosse boule de pierre. Noire. Lisse. Elle roule sans bruit. Lentement. Elle va l'écraser. Il faut courir. Elle a plusieurs mètres de large. Il n'y a pas de place, ni à gauche ni à droite, pour se mettre à l'écart et l'éviter. Elle est parfaitement unie, d'un noir très profond, comme une nuit sans lune. Il faudrait courir très vite. Mais ses jambes refusent de bouger. Il la sent si froide, juste derrière lui. Si lourde. Son approche silencieuse fait couler dans son dos de petites gouttes glacées. Elle va le rattraper et...

Mathieu s'éveille en sursaut. Autour de lui tout est immobile. Cette boule ? Il essaie de distinguer les objets de la chambre, l'armoire à glace près de la porte, la chaise, le fauteuil. Il fait trop sombre. Il a rêvé. Ses draps sont en boule ; la gorge lui brûle un peu ; son cœur bat fort.

Il allume la lampe, se lève, arrange le lit. Il a soif. Un verre de lait serait le bienvenu. D'autant que ça fait dormir, paraît-il. Mais il faudrait descendre. Il frissonne*.

L'escalier le fait penser de nouveau à la boule monstrueuse. Il se contentera d'un verre d'eau.

Pieds nus, il traverse le palier, fait couler l'eau. Elle est fraîche. Tout est silencieux. Dans la chambre voisine, les grands-parents dorment sans bruit.

Machinalement, il tourne la tête vers la fenêtre. Une lueur perce l'obscurité : il y a quelqu'un dans la maison d'à côté, qui marche en s'éclairant avec une lampe de poche.

Mathieu s'approche de la fenêtre. «Voilà qui

est bizarre, vraiment. Pourquoi n'a-t-on pas allumé la lumière ? Et qui peut bien être debout si tard ?» Tout d'un coup, il comprend pourquoi tout cela lui semble si étrange. La maison est fermée depuis septembre ! On n'y vient qu'en été. Durant toute la mauvaise saison, elle reste vide, les volets* fermés et l'électricité coupée. «Qui ça peut bien être ?» Mathieu se sent trembler. «Un voleur ?» Seulement, un voleur n'aurait pas ouvert les volets, de peur de se faire repérer.

Mathieu se penche mais il ne distingue rien d'autre que le mouvement hésitant de la petite lumière qui, soudain, vient se poser sur lui. Il bondit en arrière. La lampe s'éteint aussitôt. Mathieu reste un moment sans bouger, sans savoir que faire. Il en est sûr, le mystérieux visiteur a eu le temps de voir qu'il le regardait.

Chapitre un, où l'on voit les gendarmes venus du continent* emmener un habitant de l'île pas comme les autres.

– Alors Mathieu, tu ne manges rien ?
– Hum ?… Je pensais…

Mathieu fait tourner sa cuillère dans le bol de lait qui fume. Grand-père le regarde par-dessus ses lunettes. En général, grâce à l'air de la mer, une baguette entière est transformée en tartines beurrées puis avalée aussitôt. Mais ce matin, il n'a rien touché de son petit déjeuner.

– Quelque chose ne va pas ?
– Non, rien.
– Tu n'es pas malade au moins ?

Grand-mère abandonne les oignons qu'elle vient de mettre à fondre dans le beurre. Elle pose la main sur le front de Mathieu qui écarte vivement la tête.

– Mais non ! Je vais très bien. La maison des Barrabé, à côté, il y a quelqu'un en ce moment ?

– Sûrement pas ! Ils n'y viennent qu'en été. Elle est fermée depuis fin septembre. Pourquoi tu demandes ça ?

– Comme ça. Toutes ces maisons vides, je trouve ça triste !

Le vieil homme soupire.

– Que veux-tu, mon petit, l'île se vide. Les jeunes vont tous sur le continent. Ici il n'y a plus de travail.

– Du travail, y en aurait, mais plus personne ne veut le faire. Ça ne rapporte pas assez, il paraît ! Pourtant…

Mais Mathieu connait déjà son couplet* sur la vie moderne et ses inconvénients. Il se lève, entoure du bras les épaules de sa grand-mère, soulève le couvercle de la cocotte.

– Qu'est-ce que tu nous prépares de bon ?

– Un lapin au vin blanc. Mais si tu n'as pas d'appétit...
– Je croyais que le docteur l'avait interdit à Grand-père.
– Lui aura du bifteck grillé. Je le fais cuire pour toi.

Déjà il a la main sur la poignée de la porte.

– Je vais faire un tour*. Je travaillerai cet après-midi.
– À midi et demi ! Le lapin...

Grand-père a replongé le nez dans son journal.

*

* *

Les volets de la maison Barrabé sont fermés. Sous le pâle soleil de novembre elle ressemble à ce qu'elle est vraiment : une bête maison de grosses pierres noires avec des fenêtres étroites et un toit d'ardoises sombres. La porte est solidement fermée et résiste à la poussée de Mathieu.

Il prend le sentier qui conduit à la mer, derrière les dunes*. À plusieurs reprises il tourne la tête pour la regarder. Elle semble dormir depuis si longtemps, paraît tellement banale, si peu faite pour l'aventure et le mystère. Il se demande presque s'il n'a pas rêvé : au grand jour, tout semble différent.

En haut des dunes, on domine la route qui mène au port. Enfant, Mathieu s'allongeait là, dans le sable, pour regarder sans être vu ceux qui se pressaient vers le bateau, ceux qui revenaient du continent, les bras chargés de sacs. Il s'assied, caresse le sable froid du bout des doigts. Il se sent un peu fâché contre lui-même. Ce n'est quand même pas une lumière qu'il a vue, ou sans doute cru voir, dans une maison vide qui va gâcher ses vacances de Toussaint*.

Sur la route trois silhouettes sont apparues. Deux gendarmes bleus marchent de chaque côté d'un petit homme gris. Le plus jeune a une grosse moustache blonde qui lui barre le visage. L'homme en gris, Mathieu le reconnaît, c'est le père Coignet.« Qu'a-t-il pu faire, pour qu'on l'emmène ainsi ? » se demande Mathieu. Il semble triste et préoccupé. Les militaires lui parlent, mais Mathieu n'entend pas ce qu'ils disent.

Le vieil homme habite une cabane en planches, à l'extrémité ouest de l'île, près de l'ancienne cale sèche où l'on tirait les barques de pêche pour les réparer et les repeindre. Il vit… personne ne sait très exactement de quoi. Il a des poules, pêche un peu, chasse les lapins et les faisans*. De temps en temps il se sert dans le jardin de l'un ou l'autre habitant de l'île. Chacun le sait et s'en amuse. «Tiens, j'ai un chou-fleur qui est parti en vacances», constate la mère Kermoal avec un petit sourire, ou «les corbeaux* ont faim en ce moment, ils m'ont chipé trois gros poireaux». Mais personne n'aurait l'idée de faire appel à la gendarmerie. Jamais.

Les os bien nettoyés rangés près de son assiette montrent que Mathieu a retrouvé tout son appétit.

– Au fait, les gendarmes ont emmené le père Coignet sur le continent.

Grand-mère n'en croit pas ses oreilles.

– Les gendarmes ? Qui te l'a dit ?

– Je les ai vus. Ils ont pris le bateau de onze heures.

– C'est étrange, dit Grand-père.

Il semble contrarié* et embarrassé. Grand-mère aussi semble embarrassée.

– Il y a eu quelque chose d'anormal récemment ?

– Eh bien, on a préféré ne pas en parler parce que c'est désagréable, mais des choses ont disparu.

– Des choses ?

– Oui, dans les maisons, des outils électriques, des aspirateurs, des transistors... Seulement, c'est pas lui. J'en suis sûre. C'est un brave homme, le père Coignet !

– Évidemment que c'est pas lui ! Il en ferait quoi, d'ailleurs de tous ces appareils ? Seulement, eux, sur le continent, il n'en savent rien. Et si des gens se sont plaints...

Mathieu ne peut pas s'empêcher de regarder la maison Barrabé. Et s'il leur disait ? Mais non, il faudrait qu'il soit vraiment sûr.

– Il ferait pas de mal à une mouche, le père Coignet. À une salade, je dis pas...

Grand-père rit d'un gros rire sonore*.

– Bah ! Ils le relâcheront bien vite.

– Seulement, il faudrait pas que ça lui fasse du tort*.

– Comment veux-tu que ça lui fasse du tort ? Tout le monde le connaît ici, dit Grand-mère en se levant pour prendre le dessert sur le rebord de la fenêtre.

Tout en avalant la crème au chocolat que Grand-mère a réussie encore mieux que d'habitude, si c'est chose possible, Mathieu réfléchit.

« Mon petit vieux, s'il y avait quelqu'un à côté la nuit dernière, c'était certainement le voleur. Mais avant d'en parler, il faut en être certain. Il ne faut pas qu'une fois de plus on se moque de toi parce que tu as trop d'imagination. Tu vas monter la garde cette nuit. Si tu le vois de nouveau, tu descendras et tu iras… Non, non, tu n'iras nulle part. Tu avertiras Grand-père et Grand-mère. En attendant, tu n'y penses plus et tu fais semblant de rien. Jusqu'à ce soir.

Et il se sert une deuxième fois de dessert.

Chapitre deux, qui raconte comment notre héros se trouve engagé malgré lui dans une terrifiante aventure.

Mais ce n'est pas facile de veiller quand on a seize ans, qu'on a couru tout le jour au grand air de la mer, que la fatigue de sept longues semaines de lycée se fait sentir. Non, il n'est pas facile de résister au sommeil quand votre lit est confortable, les couvertures douillettes, que tout est calme et silencieux. Pas facile de garder les yeux grands ouverts, fixés sur la maison noire dont le toit brille sous la lune.

Par la fenêtre, il voit une grande salle souterraine pleine de guerriers. Un chant se fait entendre, sauvage comme le vent dans le désert. Les poitrines nues, les cheveux humides, les bracelets, les armes de cuivre brillent dans la lumière des lampes à huile qui fument. La statue d'un dieu crache* du feu. Une main rouge lève un large couteau d'or. Un cri monte de la foule. Le couteau plonge. Désespérément, Mathieu saisit... son oreiller et s'éveille en sursaut.

Ce n'était qu'un cauchemar. Son cou lui fait mal parce qu'il a dormi assis. Il s'étire*. Son regard parcourt la maison Barrabé, avant de s'arrêter sur la porte d'entrée qui, dans la lumière blanche de la lune, lentement, s'ouvre.

Mathieu sent la salive* qui se bloque quelque part dans sa gorge. Un homme se tient debout sur le seuil. Un homme immense. Et qui ne semble pas inquiet. Il lève la tête vers la fenêtre derrière laquelle Mathieu l'observe, tout tremblant, puis se tourne complètement vers lui. Le mouvement fait battre la manche gauche de sa veste, vide. Une manche qui ne contient pas de bras ! L'homme sait que Mathieu le voit, et cela

ne le dérange pas. Il fait un pas en avant, comme pour bien se montrer.

Mathieu a crié, a poussé violemment le volet intérieur, s'est blotti sous les couvertures. Il rêve, bien sûr. Il continue de rêver. Ce ne peut être qu'un mauvais rêve. Cet homme au bras coupé, ce manchot, n'existe pas plus que le poignard*, le cri, le temple ou la statue.

Quand, un long moment plus tard, Mathieu a réussi à surmonter sa peur, il ouvre à nouveau le volet. La silhouette du manchot n'est plus là. La lune n'éclaire presque plus. La maison, massive et déserte, disparaît lentement dans le brouillard et Mathieu, lui, sombre* dans le sommeil.

*

* *

Au matin, c'est le silence qui l'éveille. Un silence trop lourd, qui n'est pas fait des mille minuscules bruits habituels. On se croirait dans une boîte de coton. Le rectangle de la fenêtre a la couleur du lait. Le brouillard enveloppe l'île. Un brouillard comme on n'en rencontre qu'ici. Tellement épais que, le bras tendu, on distingue à peine ses doigts.

Dans la cuisine, les grands-parents sont d'humeur sombre. Même s'ils en ont l'habitude, les habitants de l'île n'aiment pas beaucoup le brouillard. Il peut durer des jours et des jours, coupant toute communication avec le continent. Et même si ce n'est pas bien grave d'être quelque temps sans courrier, sans journaux, même si l'on a des réserves, si l'on se dépanne entre voisins, cette sensation d'être coupé du monde pince un peu le cœur*.

Le moment serait mal choisi pour raconter ce que Mathieu a vu cette nuit. Grand-père est assis, pantoufles aux pieds, devant son jeu d'échecs* électronique. Ce sera sans doute comme ça toute la journée. Il ne répondra pas aux questions qu'on lui posera. Il faudra que Grand-mère lui demande dix fois de venir s'asseoir à table pour les repas, et quand il l'entendra enfin, il secouera la tête, comme s'il sortait d'un rêve. Car pour lutter contre la sensation déplaisante qu'il est coupé de tout, il éprouve l'étrange besoin de s'isoler plus encore.

Grand-mère est plus philosophe. Elle grognera* par principe. Dira qu'aujourd'hui elle comprend les jeunes qui partent de cette île oubliée de Dieu. Mais le brouillard lui donne raison dans sa manie de remplir les armoires de confitures, de conserves de légumes, de boîtes de sardine, de sucre, de paquets de café. Sans parler du congélateur. Et pour cela, elle ne le déteste pas.

Mathieu se plante devant la fenêtre de la cuisine, pour essayer de distinguer la maison voisine. On ne voit que du blanc. Qu'il parle ou non de l'homme qu'il a vu, ça ne changera rien aujourd'hui. Coignet est bloqué sur le continent ; le manchot, s'il existe, ne peut pas quitter l'île ; les gendarmes ne peuvent pas venir. Il ne se passera rien et Mathieu ne sortira pas de la maison.

– Tu n'as pas de chance avec le temps. Espérons que ça ne durera pas. La météo* annonce du vent pour demain.

– C'est pas grave. Je suis venu aussi pour travailler au calme. Je vais en profiter.

Mais comme il est dans l'escalier pour remonter à sa chambre, Grand-mère le rappelle :

– Mathieu ! Il n'y a qu'une chose que je te demanderai, c'est d'aller au bourg*, prendre du pain.

Voilà qui ne lui plaît guère

– Mais, heu… C'est pressé ?

– Non, tu iras quand tu voudras. Mais il te faudra y aller à pied. Le vélo, par ce temps…

*

* *

Pourquoi a-t-il attendu le dernier moment pour aller à la boulangerie ? Parce qu'il avait peur ? Pas en plein jour, même s'il y a du brouillard. Et puis ce manchot n'avait pas l'air tout jeune. Mathieu l'aurait vite semé* à la course. Seulement, s'il se cache pour lui sauter dessus par surprise. Mathieu n'aurait vraiment pas dû attendre pour aller au pain. Il n'est que quatre heures et demie mais il fait sombre comme si la nuit allait tomber d'un instant à l'autre.

La lampe qu'il porte ne sert à rien ; elle dessine devant lui un rond jaunâtre qui éclaire à peine plus loin que ses pieds. Allons ! La

maison n'est plus très loin. Au fond de l'anse*, il y a le carrefour. De là, la grange* des Rémy n'est qu'à cent mètres. Quand il sera à la grange, il sera presque arrivé. Et si l'autre était là derrière, à le suivre dans le brouillard ?

C'est ça ! Il sent une présence. On marche derrière lui. Sans le moindre bruit. Ne te retourne pas Mathieu ! Éteins ta lampe et accélère, mais de façon naturelle ! Ne lui fais pas savoir que tu sais qu'il est là.

Mais non, il n'y a personne. D'ailleurs tu entendrais ses pas sur les graviers* du chemin. Toi, tu fais du bruit en marchant, et tu n'es pas aussi lourd que lui. Mais dans ce brouillard, qui étouffe tout ? S'il te suit d'assez loin ? Non ! Ne te retourne pas !

Tu l'as vu ? À dix mètres au maximum. Avec l'horrible vide à la place de son bras gauche. Tu l'as reconnu, dis, là, tout près, qui marche vers toi dans le brouillard, sans faire le plus petit bruit ?

Un immense frisson* glacé secoue Mathieu. Ses jambes deviennent raides. Il voudrait crier mais sa bouche ne s'ouvre pas. Cela dure… il ne sait pas, car il n'a plus conscience du temps. Puis tout d'un coup, c'est comme une vague d'énergie qui le parcourt. Il éteint sa lampe et part en courant comme il n'a jamais couru.

Chapitre trois, qui dit comment notre héros se met dans une situation sans issue* et passe des moments terrifiants.

L'herbe, sous ses pieds, est de plus en plus haute et épaisse. Évidemment il a raté le bon chemin, au carrefour. Celui-ci mène... Et d'ailleurs, est-il encore sur un chemin ?

Mathieu s'arrête. Aucun bruit, sauf celui de la mer qui perce le brouillard, indiquant que la côte est proche. Il vient à la fois de droite, de gauche et d'en face. Mathieu se demande où il est. Le brouillard est un peu moins épais, semble-t-il. Mathieu a l'impression qu'il reconnaît... Il avance prudemment. Oui, c'est bien ça ! À sa droite se dresse une masse plus sombre. Une haie de cyprès*. Et on entend la mer de tous les côtés. Il est sûrement au bout de l'anse des Trépassés*, pas loin de la cabane de Coignet.

Derrière la haie, c'est l'ancienne cale sèche

qui est à présent envahie par les buissons. À sa gauche, une zone marécageuse descend doucement vers la mer. Et devant lui, une pointe rocheuse sur laquelle se dresse un menhir* et que, dans la région, on appelle le Rocher de l'Homme Mort.

Les cyprès ont bougé ! C'est le vent, Mathieu ! Le vent ? Quel vent ? Il n'y en a pas un souffle.

À une dizaine de mètres tout au plus, doucement, sans un bruit, une forme sombre est sortie de derrière les arbres. Une silhouette massive que Mathieu reconnaît trop bien. Le manchot reste un moment immobile. Il n'est pas pressé ; il sait que son heure viendra* bientôt, très bientôt. Puis il se met à avancer de nouveau, lentement.

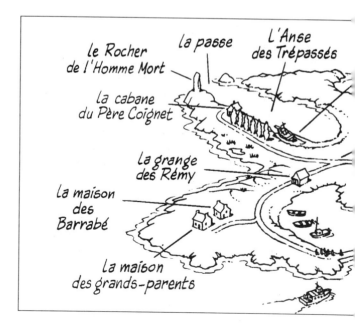

Mathieu le regarde approcher sans bouger. Cinq ou six mètres. L'homme marche sans faire de bruit. Et pourtant il semble très lourd, comme s'il n'arrachait les pieds du sol qu'avec un énorme effort. Deux pas encore, puis il tendra son unique bras.

Mathieu ne sent pas la sueur* qui coule sur son front ; il ne voit pas ses mains qui tremblent. Il lève les yeux vers ce qui devrait être un visage humain et son regard n'aperçoit que de l'ombre.

De tous les côtés il n'y que la mer, les marécages, les buissons d'épines*, le brouillard, la nuit, le froid, la peur.

Comment a-t-il couru jusqu'à l'énorme pierre humide et lisse qu'il sent maintenant sous ses

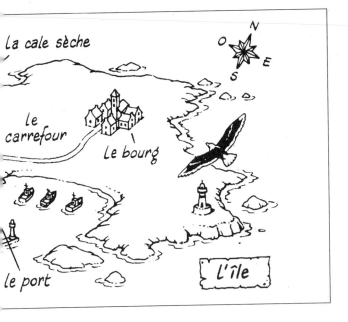

doigts ? Son cœur cogne, ses jambes lui font mal. À bout de souffle, il ferme les yeux, pose le front contre la pierre.

À présent, la situation lui apparaît clairement. Dans un instant, le manchot sera là. Pour Mathieu, il n'y aura pas d'autre issue que les vagues qu'il entend battre doucement au-dessous de lui, dans la passe qui fait communiquer l'anse avec la pleine mer.

Les images de son rêve lui reviennent à l'esprit. Le couteau que tenait cette épouvantable main sans corps. D'autres images aussi. Celles d'un documentaire à la télévision sur les peuples mystérieux qui ont dressé par centaines les menhirs. Pourquoi le froid de la pierre le fait-il penser au froid du couteau ? Pourquoi n'a-t-il retenu de ce film que les sacrifices humains ?

Un bruit de moteur ! Un moteur sur la mer, pas bien loin. Celui d'un petit bateau. Sauvé !

– Ohé, du bateau ! Ohé ! Par ici, vite ! Par ici !

Mathieu crie à pleins poumons*. Va-t-on l'entendre, avec ce maudit brouillard qui étouffe les sons ? Il le faut pourtant. C'est sa dernière chance. Il crie encore plus fort. Il faut qu'on l'entende, que le bruit du moteur se rapproche, et il sera sauvé !

Sauvé ? Tu es bien naïf, Mathieu ! Allons ! Réfléchis un peu. Qui peut être dehors avec un temps pareil ? Un pêcheur ? Un vacancier ? Personne n'est assez fou pour se risquer dans la passe un jour de brouillard sans une raison urgente. Avec le courant* qui vous pousse sur les rochers. L'anse des Trépassés. Pourquoi penses-tu qu'on lui a donné ce nom, Mathieu ?

Il comprend tout. Ce bateau, là, c'est celui d'un complice du manchot. Car les marchandises qu'il vole peuvent quitter l'île seulement par mer. L'ancienne cale sèche sert de cachette aux bandits. En fait, le manchot ne l'a pas suivi. Comment aurait-il fait, puisqu'il ne pouvait pas le voir ? Seulement Mathieu, comme un imbécile, est venu se jeter dans la gueule du loup*. Et ça explique l'arrestation du père Coignet. Lui qui habite à côté, les gendarmes ont tout de suite pensé qu'il était coupable. Et d'ailleurs, Mathieu se le demande, il est peut-être complice.

Le bruit du moteur, droit devant, grandit. «S'il continue comme ça, il va heurter le rocher, songe Mathieu. La passe est nettement à sa gauche.»

Et soudain une énorme main glacée se referme sur la sienne. La droite. Celle qui tient sa lampe. Mathieu sent son cœur qui se coince. Il lui semble qu'il le sent descendre brusquement jusqu'à la pointe de ses pieds puis remonter battre avec violence dans sa tête. La main est terriblement froide et serre la sienne avec une poigne de fer. Elle essaie d'allumer, n'y parvient pas. Alors le pouce appuie sur celui de Mathieu et le dirige vers le bouton. La lampe s'allume. Le pouce du manchot ne relâche pas sa pression. Il est d'une lourdeur de pierre.

Puis le manchot soulève le bras de Mathieu et, dans un mouvement régulier, lui fait agiter

la lampe au-dessus de sa tête. Il y a tant de force dans ce bras que rien ne pourrait lui résister. Mathieu n'entend plus la mer ni le moteur, il ne sent plus le froid ni l'air humide de la mer. Il n'a même plus peur. Tout ce qu'il sent encore c'est sa main qui bouge sans qu'il le veuille.

Chapitre 4, où le lecteur va retrouver un personnage qu'il a déjà aperçu et qui a eu bien de la chance.

Combien de temps est-il resté ainsi à faire des signaux avec sa lampe allumée ? Mathieu ne pourrait pas le dire. À un moment, son bras est retombé ; le manchot l'avait lâché. Mais il s'en est à peine rendu compte.

Le premier bruit qu'il a entendu après a été celui de ses dents qui claquaient. Puis il a senti ses jambes faiblir. Il s'est assis pour ne pas tomber et le bruit de la mer est revenu. De nouveau il a su où il était.

On n'entend plus le bruit de moteur. Il semble à Mathieu que tout à l'heure il s'est déplacé vers sa droite. Mais c'est un souvenir très flou*, comme ceux que laissent certains mauvais rêves dont on n'arrive pas à sortir.

Mathieu regarde autour de lui. Personne. Le brouillard est un peu moins épais. Il peut voir le blanc des vagues en bas des rochers. Le manchot a disparu, aussi soudainement qu'il était apparu.

La lampe est éteinte à ses pieds. Mathieu tend le bras pour la prendre. Mais il a du mal à le bouger, tant il est raide. Et il ne sent plus sa main, comme s'il avait eu froid trop longtemps.

Tout en frottant son bras pour le réchauffer, il s'interroge. À l'évidence, ce n'est pas à lui que le bandit en voulait. Ou alors, il va revenir. Mais non, Mathieu a l'impression qu'il est vraiment parti, que c'est fini. Seulement pourquoi tout ça ? Il n'y comprend rien.

Un instant il songe aux histoires de naufrageurs* qu'il a entendu raconter par Grand-père et qui lui venaient de son grand-père à lui. Le

phare qu'on éteignait les nuits de tempête, le grand feu qu'on allumait pour tromper les bateaux. Puis le naufrage. Les cris des marins, les appels au secours des belles passagères. Le hurlement* du vent. Le grondement des vagues. Et le lendemain, les marchandises du bateau que la marée avait déposées sur la plage en même temps que les noyés*.

Mais c'était autrefois. Et les grands-pères exagéraient, comme ils font tous quand ils racontent en jurant que tout est «vrai comme tu me vois». Pourquoi vouloir faire échouer un si petit bateau ? Surtout que, si c'est bien celui des voleurs, il est vide quand il vient vers l'île. Un règlement de comptes* ? Un assassinat déguisé en accident ? Dans ce cas, on ne laisserait pas un témoin libre d'aller tout raconter.

*

*   *

– Ohé ! Il y a quelqu'un ?

Mathieu bondit sur ses pieds. Un pas lourd fait rouler les galets*, du côté de la cale sèche. La voix ne lui est pas inconnue.

– Ohé ! Je suis ici !

Les pas se dirigent vers lui. Mathieu allume la lampe. Une forme grise sort du brouillard. Le père Coignet !

– Qui est là ?

Mathieu a un moment d'hésitation.

– C'est moi... Mathieu Lamaneur!

Le vieil homme lui tend la main.

– En tous cas, petit, je te dois une fière chandelle*. Une riche idée que tu as eue de me faire des signaux. Sans toi, je venais droit sur le rocher. Je ne sais pas où je serais maintenant. Sans doute au fond de l'eau.

– Oh, vous connaissez trop bien la passe.

– Pas si sûr. C'est que j'y voyais rien. Et tu sais qu'elle est traîtresse*.

– Vous revenez du continent ?

– Que oui ! Il fallait que je rentre. Les poules, elles attendent pas. Brouillard ou pas brouillard, faut qu'elles mangent. Alors j'ai décidé de traverser quand même. Si j'avais su… J'imaginais pas qu'il était aussi épais. Mais tu es gelé, toi !

– J'ai un peu froid aux mains.

Il n'ose pas dire qu'il a froid à une seule main…

– Rentre vite te mettre au chaud ! En tous cas, heureusement que tu étais là ! Et que tu as eu l'idée de te servir de ta lampe.

– Oh, vous savez, c'est par hasard. Je l'ai fait sans même y penser. Je me rendais pas compte que…

Chapitre 5, où l'on parle enfin du grand Léonard et où notre héros et le lecteur comprennent ce qui est arrivé.

– Tiens, te voilà debout toi. On peut pas dire que tu te lèves tôt.

Il est dix heures passés. Mathieu a dormi sa nuit tout d'un bloc*. Le vent s'est levé ; il n'y a plus de brouillard.

Hier, quand il est rentré, Grand-mère a dit qu'il en avait mis du temps, qu'elle s'était presque inquiétée. En fait, il n'était même pas l'heure du dîner. Elle lui a dit aussi qu'il était bien pâle. Grand-père a levé le nez de son jeu d'échecs pour se moquer : «C'est qu'il a eu la trouille*, tiens !»

Mathieu n'a pas dit un mot de son aventure ni du manchot. Le pain était juste où il l'avait lâché. Cent mètres avant le carrefour. Un peu humide seulement, mais encore présentable. Et ce matin, dans le soleil de novembre, l'aventure de la veille semble irréelle*.

Le facteur vient d'apporter le journal et, avec, une lettre. Elle est de Barrabé, le voisin. Un de ses amis, annonce-t-il, viendra passer les vacances de Toussaint dans sa maison. Qu'ils ne s'inquiètent pas s'ils voient quelqu'un s'installer. C'est un vieux copain de régiment qui a perdu un bras lors du débarquement de 1944*.

Mathieu a un sursaut.

«Vous devez le connaître puisqu'il est de l'île lui aussi. Léonard Coignet. Le nom, au moins doit vous dire quelque chose. Il a un frère qui vit toujours mais avec lequel il est fâché depuis très longtemps.»

– Ce serait un frère du père Coignet ? Ça te

dit quelque chose à toi ? demande Grand-mère.
– Mais oui. Le grand Léonard. Il avait deux ou trois ans de plus que moi. Tu te le rappelles pas ?
– Non. Mais tu sais, on n'avait pas trop la permission de s'intéresser aux garçons, nous autres.
– Ah ! parce qu'il vous fallait la permission ?
– Et puis il était bien plus âgé, continue Grand-mère. Il a quitté l'île avant guerre ?
– Juste avant, oui. Il est jamais revenu. J'aurais cru qu'il était mort depuis longtemps.

«Il a l'intention de se réconcilier* avec ce frère qui est la seule famille qui lui reste, et je lui ai dit que c'était une excellente idée. Quant à nous, nous ne viendrons pas à Noël comme nous l'envisagions car les enfants…»

Ainsi le manchot existe vraiment, songe Mathieu. Mais ça n'explique rien, au contraire.
– S'il devait arriver pour les vacances de Toussaint, il devrait être là.
– Normalement, oui.

Grand-père jette un coup d'œil à l'enveloppe. La lettre est partie depuis une semaine!
– Au dernier moment, il n'aura pas pu venir. À nos âges, ça peut malheureusement se produire, conclut Grand-mère avant de se plonger dans la vaisselle du petit déjeuner tandis que Grand-père entreprend la lecture du journal.
– Ça par exemple ! s'exclame-t-il.
– Quoi donc ?
– Le pauvre Léonard, il ne risquait pas de venir ! On l'a enterré* hier.

– Alors c'est pour ça que les gendarmes sont venus chercher le père Coignet, pour l'emmener à l'enterrement.

Mathieu a pâli.

– Il est… mort ?

– Ben, si on l'a enterré !

– Mort ! Depuis plusieurs jours…

– Qu'est-ce que tu as, Mathieu ? Tu es blanc comme un linge*.

– Moi, rien. C'est le lait, je crois. J'ai un peu mal au ventre. Je vais prendre l'air.

Mathieu ne sait plus quoi penser. Il croyait que le manchot l'avait poursuivi pour guider le père Coignet avec sa lampe. Mais il vient de comprendre avec horreur qu'à ce moment-là, l'homme était déjà mort et que le père Coignet revenait de son enterrement. Alors était-ce une sorte de revenant*, venu par-delà la mort, sauver ce frère avec qui il voulait seulement se réconcilier ? Mais Mathieu ne croit pas aux fantômes. Alors, a-t-il rêvé tout cela ? Ce brouillard qui provoque chez les uns et les autres des comportements étranges a-t-il agi sur son imagination ? Il ne le saura sans doute jamais.

Grand-mère hoche la tête en le regardant traverser le jardin, devant la maison, d'un pas mal assuré*.

– Ce gamin, par moment il m'inquiète, dit Grand-mère.

– Mais non, c'est l'âge qui veut ça. Il est certainement amoureux.

– Amoureux… répète Grand-mère, pas convaincue*.

Épilogue, où le lecteur trouvera la réponse à une question qu'il est peut-être en train de se poser.

Grand-père s'est remis à sa lecture. Grand-mère, qui a fini la vaisselle, s'est assise au bout de la table pour éplucher des carottes.

– Tiens ! Ils disent qu'on a trouvé qui c'était, les vols.

Elle lève la tête.

– Ah oui ? C'était qui ?

– Une touriste. Une Parisienne à ce qu'il paraît.

– Une Parisienne ? Et qu'est ce qu'elle voulait en faire de tout ce matériel ? Le revendre ?

– Non, non. Elle a tout jeté à la mer.

– À la mer ?

– Oui. Elle trouvait ça triste que l'île se modernise. Alors tous les appareils électriques qu'elle a pu ramasser, hop, elle les a balancés à la mer !

Grand-mère lève les yeux au ciel.
– Tout de même, dans les grandes villes, ils ont de ces idées, soupire-t-elle avant de retourner à ses carottes.

FIN

PAGE 6

Frissonner : trembler légèrement.

PAGE 7

Des volets : panneaux de bois ou de métal, placés à l'extérieur ou à l'intérieur des fenêtres et permettant, quand on les ferme, de faire l'obscurité dans une pièce.

PAGE 9

Le continent : pour les habitants d'une île, la terre du pays le plus proche.

PAGE 10

Un couplet : ici, les choses que l'on aime répéter même si on les a dites souvent.

PAGE 11

Faire un tour : se promener.

PAGE 12

Des dunes : collines de sable formées par le vent sur le bord des mers. **La Toussaint** : pour les catholiques, la fête de tous les saints, mais qui se confond avec celle des morts qui a lieu le lendemain. Il y a une semaine de vacances scolaires qui correspond à cette date.

PAGE 13

Des faisans : gibier à plumes que l'on chasse pour le manger. **Des corbeaux** : gros oiseaux noirs.

PAGE 14

Contrarié : qui n'est pas content. **Sonore** : qui sonne fort, bruyant.

PAGE 15

Faire du tort : attirer injustement des ennuis.

PAGE 17

Cracher : faire sortir de sa bouche.

PAGE 18

S'étirer : allonger ses bras, ses jambes, son cou pour se détendre. **La salive** : liquide qui se trouve en permanence dans la bouche.

PAGE 20

Un poignard : un gros couteau. **Sombrer** : tomber.

PAGE 21

Pincer le cœur : rendre triste. **Des échecs** : jeu qui se joue avec deux séries de pièces (le roi, la reine, le fou, le cavalier, la tour, le pion) ; on joue à deux ou seul si c'est un jeu électronique. **Grogner** : montrer que l'on n'est pas content en protestant sourdement.

PAGE 22

La météo : l'organisme de la météorologie nationale qui fait des prévisions sur le temps qu'il va faire. **Un bourg** : un village. **Semer** (quelqu'un) : se débarrasser de lui.

PAGE 24

Une anse : une baie. **Une grange** : bâtiment agricole pour abriter les récoltes. **Des graviers** : des petits cailloux. **Un frisson** : un tremblement.

PAGE 25

Une issue : une sortie. **Une haie de cyprès** : une rangée d'arbres dont le feuillage, vert foncé, ne tombe pas pendant l'hiver. **Les trépassés** : les morts.

PAGE 26

Un menhir : une pierre allongée, dressée verticalement. **Son heure viendra** : il lui suffit d'attendre pour obtenir ce qu'il veut.

PAGE 27

La sueur : la transpiration. **Des épines** : branches pleines de piquants de certains arbres.

PAGE 28

À plein poumons : de toutes ses forces.

PAGE 29

Le courant : le mouvement de l'eau. **Se jeter dans la gueule du loup** : se précipiter vers le danger.

PAGE 31

Flou : vague, imprécis.

PAGE 33

Des naufrageurs : bandits qui, avec de faux signaux, faisaient autrefois échouer les bateaux sur une côte pour les piller. **Un hurlement** : un cri très fort. **Un règlement de comptes** : quand on tue quelqu'un avec qui on a eu un conflit. **Des galets** : cailloux lisses que la mer dépose sur les plages.

PAGE 35

Je te dois une fière chandelle : tu m'as rendu un grand service. **Elle est traitresse** : on ne peut pas lui faire confiance.

PAGE 37

Mathieu a dormi tout d'un bloc : il a dormi toute la nuit sans se réveiller. **La trouille** : la peur.

PAGE 38

Irréel(le) : qui n'existe pas dans la réalité. **Le débarquement de 1944** : l'arrivée des troupes américaines en France, sur la côte normande, pour porter secours aux Français et à leurs alliés, lors de la Seconde Guerre mondiale.

PAGE 39

Se réconcilier : faire la paix. **Enterrer** : mettre un mort en terre.

PAGE 40

Blanc comme un linge : très pâle. **Un revenant** : un fantôme. **Mal assuré** : hésitant. **Pas convaincu(e)** : à qui l'on n'a pas réussi à faire croire quelque chose.

Illustrations
Richard BOURDONCLE

Conception graphique
FAVRE et LAÏK

Couverture
F. HUERTAS pour HUPPÉ

Composition et mise en page
CND International

Édition
Françoise LEPAGE

Achevé d'imprimer en août 1992
N° d'édition 10012710-II-(6)-(CABM-80)
N° d'impression L 41285
Dépôt légal août 1992
Imprimé en France